コロナ禍の経験から何を学ぶか

〈編著者〉
宇野重規・重田園江・渡辺靖
NIRA 総合研究開発機構

信山社ブックレット

まえがき

宇野重規
NIRA総合研究開発機構理事／東京大学教授

本書はNIRA総合研究開発機構で行なった「コロナ禍の経験から何を学ぶか」をめぐる研究成果をまとめたものである。この研究プロジェクトは，NIRA総合研究開発機構理事である宇野重規（東京大学教授）が，同上席研究員である重田園江氏（明治大学教授），渡辺靖氏（慶應義塾大学教授）と共に行なった「自由と平等」をめぐる研究プロジェクトから出発し，さらに2023年2月4日に開催されたNIRAフォーラム2023（テーマ2）では，様々な立場でコロナ政策に関わった専門家に参加していただき，日本のコロナ政策をめぐる人々の意識について検討した。

本書は2部から構成される。第1部はコロナ禍についての，第2部は政治不信についての論考を収めている。

第1部ではまず，文化人類学・医療人類学者の磯野真穂氏が「情緒的で精神的なニッポンの緊急対応」を論じる。磯野氏は，コロナ禍と戦時の間に類似性を見出し，その精神主義と情緒主義を分析している。続いて神戸大学教授で現代中国経済を専門とする梶谷懐氏が，中国のゼロコロナ政策を素材に，「社会的に許容されない死とは何か？」を検討する。梶谷氏によれば，中国のゼロコロナ政策とその終焉は，独裁国家で生じた特異な現象としてではなく，むしろ日本社会にも共通する，社会に内在している矛盾が極端な形で噴出したものとして理解されるべきである。

さらに，日本赤十字社副社長・東京大学公共政策大学院客員教授の鈴木俊彦氏は，厚生労働事務次官時代の経験をもとに，コロナ対策の「最適点」を探求する。政策当局者としての感染症対策と国民の理解との関係や，感染症の脅威と社会の在り方などについてのコメントは貴重である。その上で，雑誌『中央公論』編集長（当時）の五十嵐文氏が，「ディストピアを防ぐメディアの役割」を考察する。「反ワクチン」の広がりは限定的であり，支持政党による「分断」は見られなかったという知見や，マスメディアのはたすべき役割についての考察が有益である。

続いて第2部には宇野重規・重田園江・渡辺靖「弱者保護を望んでもロックダウンまでは望まない日本人」，および宇野重規「日本人にとっての自由と平等：その政策的含意」，渡辺靖「日本における政治不信とポピュリズムの行方：米国との比較から」，重田園江「日本人が政府を信頼しない背景：NIRA 基本調査の結果から」を収録する。これらはいずれも，日本人の価値観に合った政策展開を検討するものであり，さらにコロナ禍で露呈した日本の政治不信やポピュリズムを分析するものである。

これらの論考によって，コロナ禍の経験を未来の危機対応に生かすと同時に，日本における政治不信の克服に向けた検討に寄与することを願ってやまない。

目　次

第 1 部

1 情緒的で精神的なニッポンの緊急対応

磯野 真穂
文化人類学／医療人類学者

2023年年初，私がフィールドワークを続けていたある離島の介護施設で新型コロナのクラスターが発生した。スタッフたちは，本来であれば入院が必要となる利用者も一手に引き受け孤軍奮闘する。すると，そんなかれらを外側で支えていた一人のケアマネジャーの脳裏にこんな言葉がよぎったという。

「あ，日本兵」

かつて読んだ第二次世界大戦を舞台にした小説には，明確なヴィジョンを欠くゆえに，場当たり的な指示ばかり出したり，責任を放棄したりする上官が登場した。彼らにとっての最大の関心ごとは自らの保身である。その彼らに翻弄され，命を落としていったのは戦場の日本兵。私に話をしてくれたケアマネジャーには，小説の描写とクラスター現場が重なって見えたのだ。

あちこちの医療施設や介護施設で発生した新型コロナのクラスター。その度に慢性的な人手不足，医療・介護従事者の疲弊が叫ばれ，医療崩壊といった言葉がメディアを賑わせる。その外側にいる国民たちは，医療崩壊を防ぐための徹底した感染対策を求められた。

しかし，この島に限っていえば，様子はずいぶん異なっていた。なぜならコロナ感染者は島内でも増えていたものの，ワクチン接種が行き届いていたせいか重症者はほとんど出ず，診療所はオンライン診療に切り替えていたため余裕があり，医療崩壊とは程遠い状態であった。加えて「助けに行ってもいい」と手を上げた看護師も者もいた。しかし当の現場には，戦力となる人材は誰もやってこず，結果として少数のスタッフがクラスター対策に１カ月にわたって当たることになったのだ。

なぜか。

その最大の理由は，クラスター発生に備えた増員などの人員対策がなされていなかったことにある。クラスターは介護施設にとっては緊急事態。しかしこれは十二分に予想された緊急事態であり，コロナ禍が始まってからすでに３年もの月日が経過している。対策の時間も十分にあっただろう。

しかし備えは不十分であり，遂に発生したクラスターでは，現場スタッフの「頑張り」に頼る他なくなったのである。

◆ コロナ禍と戦時の類似

「あ，日本兵」というケアマネジャーの直感は正鵠を得る。なぜなら今回のコロナ禍で見られた「日本人」の行動パターンは，少なくとも第２次世界大戦中から綿々と引き継がれた日本人の思考の癖が顕現しているとしか思えないからだ。

コロナ禍の日本と第２次世界大戦次の状況を結びつけた指揮者からの論考や意見はすでにいくつも存在するが，私もここで第２次世界大戦時の日本軍の敗戦を分析した『失敗の本質』から下記を引用してみたい。

> 個々の戦闘における「戦機まさに熟せり」，「決死任務を遂行し，聖旨に添うべし」，「天佑神助」，「神明の加護」，「能否を超越し国運を賭して断行すべし」などの抽象的かつ空文虚字の作文には，それらの言葉を具体的方法にまで詰めるという方法論がまったく見られない。したがって，事実を正確かつ冷静に直視するしつけをもたないために，フィクションの世界に身を置いたり，本質にかかわりない細かな庶務的仕事に没頭するということが頻繁に起こった。

本書には上記のような指摘だけでなく，目的達成に向けた戦略よりも，組織内に元々あった人間関係や隊長の面子や信念といった心情が重要視されたり，はっきり言わなくとも仄めかせば相手は本音を察してくれるといった期待が作戦のあり方に影響したことが記される。こんな状態であるから作戦は当然具体性を欠く。ある作戦が失敗した際の第２の戦略の欠如や，補給の軽視といった信じ難いことが次々と起こり，戦場の兵士には壊滅的な被害が出る。本書は日本軍の示した過度な情緒主義と精神主義が，作戦の失敗をもたらしたのみならず，失敗を振り返り改善する機会すらも失わせたと指摘する。

◆コロナ禍の精神主義と情緒主義

残念ながらこのような日本組織の思考の癖は，コロナ禍にもしっかり引き継がれているといえるだろう。

例えば，コロナ禍では「今まさに，正念場，瀬戸際」「拡大防ぐ最後のチャンス」「勝負の3週間」といったスローガンが幅を効かせた。それだけではなく，感染者が増えるたびにその原因は国民の「気の緩み」にあるとされ，また宣言やまん防が解除されるたびに「気の緩み」が再拡大を招きかねないとった警告が政府・自治体関係者や医療者からなされ続けた。しかしこのような「精神主義」が幅を効かせる一方で，コロナ禍の最大の問題であった医療機関の柔軟な運用という点は十分に解消されたとは言い難い。その結果，限られた医療機関でコロナ患者を抱えるといった事態が続き，その収集は現場の「頑張り」に任されることとなった*。

すると今度は，現場の医療者の頑張りと市民の「気の緩み」が対比され，あたかも市民の「気の緩み」で感染が拡大し，医療者崩壊し，弱者が亡くなっているといった報道がなされることとなる。

繰り返されたスローガンと感染拡大を「気の緩み」に求めるメンタリティをコロナ禍の「精神主義」とするなら，必死の医療者と気の緩んだ市民を対比し，後者に問題の原因を求める構図は，コロナ禍の「情緒主義」といってもいいだろう。

◆文化とパーソナリティ

文化人類学にはいくつかの理論的があるが，その1つに「文化とパーソナリティ」と呼ばれる潮流がある。文字通り，文化がその文化を保持する人々の性格を形作るという考え方だ。この理論の代表的な論客は，共にアメリカの人類学者であるルール・ベネディクトとマーガレット・ミードである。

私たちにとって最も身近な「文化とパーソナリティ」の議論は，1946年に出版されたベネディクトによる『菊と刀』であろう。第2次世界大戦中の日本人の行動を，日本社会という環境が育んだ性格という観点から解説した1冊だ。日米が交戦状態にあったことからベネディクトは訪日できていない。つまり，訪日経験のない著者が日本文化を語るという，文化人類学としては異例の形をとった書であるが，日本国内でベストセラーとなった。

本書は日本についての事実誤認も含まれており批判も多い。しかし，物的資源の圧倒的不足は精神力で補えるといった信念や，人目を気にしてはみ出た行いをひたすらにしないよう心がけるといった行動が，日本の歴史や教育のあり方によって育まれているという彼女の分析は，多くの私たちを頷かせるところだろう。

「文化とパーソナリティ」は現在の文化人類学において古びた議論とされがちであり，振り返られることも少ない。それには，グローバル化による社会の流動性が高まったことや，論客たちの議論の誤りが後に指摘されたことや，国民性といったものを取り出すことはできないといった結論が下されたことなど複数の理由がある。

しかしコロナ禍という非常事態は，同じ疾患でありながら対策のあり方に各国の特徴が現れたという点で，文化が形作る人々の思考様式の存在が露わになった3年であったと言えよう。

「日本人の思考の癖」といった大きな主語は，その中にいくつもの例外を内包することができるし，その輪郭も決めづらいため批判に遭いやすい。加えて，いくつもの学問を横断する必要があるこの視点は，細分化の進んだ現在のアカデミアにおいて議論として成立しづらいだろう。

しかしそのような批判を覚悟で，非常時に現れる「日本人の思考の癖」を把握しておくことは必要ではないか。なぜならそこを理解しておかなければ，業種別や学問別に細分化された議論を重ね，行動計画や提言なるものを作ったとしても，その基底にある思考の癖にそれらが飲み込まれ，使い物にならなくなることは十分予想されるからだ。

性格という言葉を持ち出さずとも，ある集団の思考の癖という観点から「文化とパーソナリティ」の議論を今一度振り返ることは，未来の非常時に備える策の1つとして有効であると思われる。

〈参考文献〉

戸部良一・寺本義也・鎌田伸一・杉之尾宜生・村井友秀・野中郁次郎（1991）『失敗の本質――日本軍の組織論的研究』中央公論社.

Benedict, Ruth (1946) *The Chrysanthemum and the Sword: Patterns of Japanese Culture*, Houghton Mifflin.（長谷川松治訳(2005)『菊と刀』講談社.）

＊筆者が行ったフィールドワークの詳細や，感染拡大が気の緩みと結び付けられた語られることについては『コロナ禍と出会い直す　不要不急の人類学ノート』（柏書房 2024）を参照されたい。

磯野真穂（いその　まほ）

東京科学大学（前・東京工業大学）リベラルアーツ研究教育院教授。応用人類学研究所・ANTHRO 所長。オレゴン州立大学応用人類学研究科修士課程修了，早稲田大学文学研究科博士後期課程修了（文学博士）。専門は文化人類学，医療人類学，応用人類学。

2 「社会的に許容されない死」とは何か？
──中国のゼロコロナ政策から考える

梶谷　懐
神戸大学教授

◆中国のコロナ対策を振り返る意味

新型コロナウイルス感染症が世界に蔓延する中で，中国が徹底した感染対策により，死亡者数を抑えこんでいたことから「効率的な感染対策という点では，民主主義よりも中国のような権威主義の方が優れているのではないか」という議論が広がったことがあった。もちろん，ゼロコロナ政策に固執したことによる中国社会の混乱とその後の経済的不振という状況を受けて，こうした議論はすっかり過去のものとなっている。一方，中国のゼロコロナ政策およびそのドラスティックな変更についてどう考えればよいのか，現在に至るまできちんとした総括が行われてきたとは言いがたい。そこで本稿では，中国のゼロコロナ政策解除の動きを改めて振り返り，それが私たちの生きる社会にとってどのような意味を持つのか，改めて考えてみたい。

2020年1月に武漢市および湖北省における感染の緊急封じ込めが行われて以来，中国政府はPCR検査を中心にした厳格な感染拡大・感染防止策，いわゆるゼロコロナ政策を実施してきた。それにほころびが生じたのは，2021年末，感染力の強いオミクロン変異株の感染が広がりを見せてからだ。

2022年に入ると西安，長春，そして上海といった大都市で相次いで感染が拡大し，都市の一部あるいは全体の封鎖及び経済活動の制限，いわゆるロックダウンが行われた。特に上海市では，3月28日から5月末までの2カ月間にわたって全国で最も厳しいロックダウンが実施された。その過程で，物流が滞り食糧調達が困難な状況が生じていることや，多くの住民が先の見えない不安にストレスを募らせている模様がSNSを通じて国外にも広く知られるようになった。また，ゼロコロナ政策に固執する習近平政権の姿勢に，海外はもちろん国内においても疑問の声が上がるようになった。

そして同年11月には，習近平政権になってからの中国では異例ともいえる大規模な抗議デモ，いわゆる「白紙運動」が広がった。デモが広がった直接のきっかけは，11月24日，新疆ウイグル自治区で10人の死者（実際はそれ以上だといわれる）を出した高層マンションの火災だ。多くの死者を出した原因が，感染拡大防止のための封鎖によって住民が逃げ遅れたり，消火活動が妨げられたりしたことにあるという声がSNSを通じて広がると，11月末にかけてゼロコロナ政策の撤回を求める抗議デモが，北京や上海といった中国有数の大都市にまで広がっていった。

◆「白紙運動」はなぜ起きたのか

運動が起きた背景には，皮肉なことに政府が「ゼロコロナ」

政策の緩和の姿勢を見せたことが関係していた。11月11日には感染者や農耕接触者の隔離期間を短縮するなどの，いわゆる「20条措置」が公表されたものの，地方ではむしろ感染者が増加しているタイミングであり，逆に管理を強化した地域もあった。市民からすればようやく緩和されると思ったところに，それと逆行するような動きが生じたことへのいら立ちが，習近平政権の下では異例中の異例ともいえる抗議運動の広がりをもたらしたのである。

抗議活動が起きてから1週間ほどたった12月7日，中国政府は新たなガイドライン「新10条」を発表し，ついにゼロコロナ政策を撤回した。地方政府が独自の判断で工場を操業停止したり，地域を封鎖したりすることを禁じる内容で，中央政府が「ゼロコロナ」政策の転換を念押しした形になった。

さらに2023年1月8日付の『人民日報』に発表された論説「防疫戦略の主導権をしっかりと把握する」では，「刻々と変化する新型コロナウイルスとの戦いにおいて，我々は常に予防と制御を心掛け，研究，総括，調整を通じて着実に進歩を求め，小さな歩みを止めずに，常に防疫と感染制御の最適化を図ってきた」結果，「この3年間で，私たちの「敵」である新型コロナウイルスは弱体化した」という，ウイルスとの戦いにおける「勝利宣言」が高らかに行われた。そして，オミクロン変種の病原性・毒性は，オリジナル株や他の懸念される株に比べて著しく弱く，感染者の重症化率や死亡率が低いため，これまでのような厳格な感染対策は必要ない，ということが改めて強調された。

注目すべきことに，この「勝利宣言」には，市民による抗議活動の原因にもなったゼロコロナ政策（「動態清零」）には一切の言及がなかった。いわば政府の「正しい」対コロナウイルス政策の結果，ウイルスの弱毒化という「勝利」を勝ち取った，というストーリーの中で，人々を苦しめたゼロコロナ政策への固執は「なかった」ものとされたのである。このような政策の急激な転換の結果，都市部では急速に感染が広がった。中国政府は12月8日から1月19日までの1カ月余りの間に，新型コロナウイルスに関連する死亡者数が7万人を超えたことを公表した。この数字は病院や発熱クリニックで症状が確認された患者のみを新型ウイルス感染者と見なすもので，実際のコロナウイルス由来の死者数はそれをはるかに上回っているとみられる。しかし，その後の中国社会では，ゼロコロナ政策解除による死者数の正確な情報を求めたり，一連の政府の責任や過去のメッセージとの一貫性について追及したりする動きは生じなかった。

◆ ゼロコロナ解除に伴う中国社会の混乱をどうとらえるか

さて，このような中国の経験を，どのように受け止めればよいのだろうか。もっとも率直な反応は，これは中国が我々とは全く異質な，独裁体制にある国家だから生じたのだ，というものだろう。たしかに，そういった側面は間違いなく存在する。たとえば，本稿で振り返った中国のゼロコロナ政策のドラスティックな転換は，毛沢東時代の中国において，絶対的な権力者の「鶴の一声」で多くの国民を巻きこむ政策転換が行われた事実を想起させる。

一方で，そのような中国を他者化することだけでは，新型ウイルスの流行下という特殊な状況で起きた現象を理解することはできないだろう。というのも，未知の感染症への恐怖による社会の動揺に始まって，感染対策と経済活動の間の相克などの問題が浮上した後，人々が次第にコロナウイルスへの関心を失っていくことによって終息する，という多くの国で経験されたことが，中国では極端にデフォルメされた形で生じたという側面があるからだ。言い換えれば，中国ではたかだか10日間ぐらいの間に，コロナ関連の死が社会的に「許容されない死」から「許容された死」へと劇的に変化したのに対し，日本ではその変化が長い時間をかけて生じた，という違いがあるだけなのではないだろうか。

この意味で，中国の混乱は感染症という人間の身体に関わる問題が，同時に社会や政治の問題であることを改めて私たちに突きつけたと言えよう。例えば，医療人類学を専門とする磯野真穂は『朝日新聞』の連載記事の中で，シーパーヒューズとマーガレット・ロックの学説を紹介する形で「政治的身体」という概念に言及し，コロナウイルスへの不安が広がる中で，個人の感覚や振る舞い，身体感覚までもが，権力によって特定の方向に導かれたことに警鐘を鳴らしている。たとえば，コロナ禍初期の頃には，各自治体や医療専門家，そして報道機関が県をまたいだ移動のリスクを強調し，そのような行為を危険視する感覚を広める，ということが生じた。この感覚は個人の身体のレベルに浸透し，県外に移動する人々に対し「しかるべき道徳を欠いた人」として反射的な拒否反応を呼び起こすまでになった，と磯野は指摘する。日本ではこういった権力による「身体の政治化」が，中国ほどあからさまな形で行われなかった代わりに，多くの人びとがその危険性になかなか気が付かず，無意識のうちに特定の人々を排除の対象とするという事態を生んだのではないだろうか。

こう考えると，中国のゼロコロナ政策とその終焉を，独裁国家で生じた特異な現象としてみるだけでは明らかに不十分だろう。そうではなく，中国では私たちの社会にも内在している矛盾が極端な形で噴出したのだ，という理解を手放さないことは，私たちの身体が抱える「権力に対する脆弱さ」を考えるうえで，重要な意味を持っているといえるだろう。

〈参考文献〉

磯野真穂（2023）「医療人類学が映す「私たちの身体」数字だけで計れない，三つの視点」『朝日新聞』2023 年 9 月 1 日　https://www.asahi.com/articles/ASR8X62GYR8BULLI002.html?pn=11&unlock=1#continuehere.

ジェトロ中国北アジア課（2022）「中国の新型コロナ対応責任者，コロナ対応の変遷を 4 段階に分類」『ビジネス短信』2022 年 5 月 20 日　https://www.jetro.go.jp/biznews/2022/05/f72ab06636dfb1d1.html.

梶谷 懐（かじたに　かい）
神戸大学大学院経済学研究科教授。神戸大学大学院経済学研究科博士課程修了（経済学博士）。専門は現代中国の財政・金融。

3 コロナ対策――最適点の探求

鈴木 俊彦
日本赤十字社副社長／東京大学公共政策大学院客員教授

◆はじめに

私は，2020年9月，厚生労働事務次官を最後に行政官としての務めを終えた。行政官としての最後の時期，具体的には2020年1月から9月までの約8カ月間，新型コロナウイルス感染症対策の初動期に携わった。ウイルスの感染力や毒性などの正体が十分に分からない段階からスタートし，各分野にわたる対策の基本骨格を構築し，感染第2波の収束を見て退官した。当時を振り返りつつ，感染症対策と国民の理解との関係や，感染症の脅威と社会の在り方などについて述べたい。

◆脅威としての感染症――その特性

新型コロナウイルス感染症をはじめとする感染症対策においては，相手となるウイルスはいうまでもなく生き物であり，常にその顔が変わっていく（変異する）。したがって，科学的知見の集積スピードと対策への適時適切な反映がカギであり，政策を決定し運営する上で，科学的知見の尊重が他の政策分野にもまして求められる所以である。

感染症の蔓延は，人類が直面する様々な脅威のひとつであるが，例えば自然災害と異なり，①すべての個々人にとっての健康・生命・生活上の脅威であり，②脅威自体が長期に持続する，といった特性がある。端的に言えば，すべての人に「自分自身にとっての」脅威と認識され，かつ，その現象が長期に続くということである。こうした特性のゆえに，大規模な感染症の蔓延は，人々の心理や行動，社会や経済の有り様に大きな負の影響を及ぼすことになる。

◆**新型コロナウイルス感染症対策**──その目的，利害の衝突

政府が新型コロナウイルス対策として実施する各般の政策の目的は，感染症の脅威に対して，1) 国民の生命・健康を保護し，2) 社会機能を維持し，3) 国民生活を保障することにある。感染拡大の抑制は，必然的に社会経済活動に対する制約を伴うものであり，したがって個々の政策が決定され発動される過程では，様々な利害の衝突に直面する。

利害の衝突の形には，個人（自分）と個人（他人）の関係に立つものと，個人と社会の関係に立つものがある。前者の個人（自分）と個人（他人）の関係とは，例えば，様々に活動をしたい健康な若者とコロナに感染した場合の健康リスクが大きい高齢者との関係である。後者の個人と社会の関係とは，例えば，営業活動を継続したい事業者と感染を抑えたい一般の生活者（国民全般）との関係である。感染症対策においては，政策を構

築・展開する上で，他の政策以上に，「全体の利益」と「個々の利益」の調整の鋭い局面にさらされることになる。個人と社会との関係については，社会機能の維持（防衛）ができない状況の下では，結果として個人の自由も保障されなくなるということについて，国民の理解と共有を深めることが重要である。

◆政策当局者の視点——最適点の探求

こうした中で，政策当局者はどのような視点に立って各般の政策を決定し実施していたのであろうか。政策当局者の視点を試みに図式化したものが図１である。政策当局者は，感染症の蔓延という状況の中で，先に示した1）国民の生命・健康を保護し，2）社会機能を維持し，3）国民生活を保障するという目的の下に，規制・助成・整備といった多様な手法による様々な措置を決定し発動する。先の目的に照らして，発動した対策の効果がどうであったかを随時確認しつつ，その結果を更なる対策に反映していく。政策当局者はあたかも「つまみ」の位置をきめ細かに動かしていくようなイメージで，政策の「最適点」をどこに置くべきかを総合判断することになる。

⑴ 第１の要因

この場合，個々の対策の発動のタイミングや強度を決定する要因は，第１に感染の状況と動向，特にウイルスの毒性と感染力である。エボラウィルスや鳥インフルエンザなどのような極めて毒性の強いウイルスと，季節性インフルエンザや５類となった現在のコロナウイルスとでは，発動される対策のタイミ

図１　政策の最適点の探求

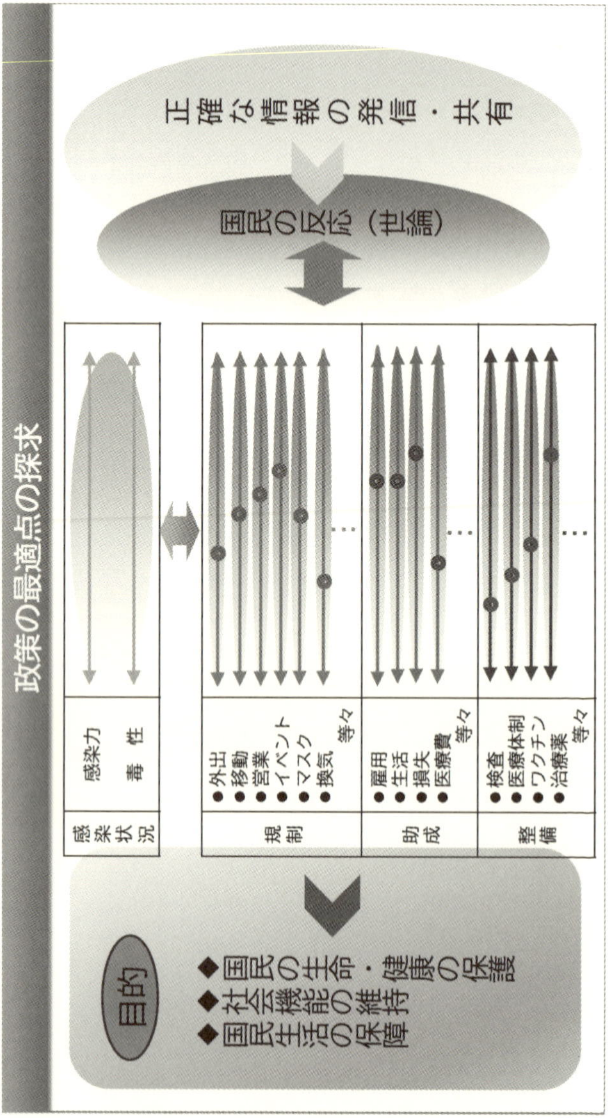

政策の最適点の探求

正確な情報の発信・共有

国民の反応（世論）

感染状況	感染力 毒　性	
規制	●外出 ●移動 ●営業 ●イベント ●マスク ●換気 等々	…
助成	●雇用 ●生活 ●損失 ●医療費 等々	…
整備	●検査 ●医療体制 ●ワクチン ●治療薬 等々	…

目的

◆国民の生命・健康の保護
◆社会機能の維持
◆国民生活の保障

ングも強度も自ずと異なる。ウイルスの持つ感染力の強弱が対策の発動に及ぼす影響も同様である。感染の状況と動向を常ににらみつつ，対策の発動のタイミングや強度を調整していくこととなる。

⑵　科学への理解と尊重

こうした構造の下で，第１の要因である感染動向に関しては，科学の果たす役割が決定的に重要である。政策の最適点を判断する上で，感染自体の状況や予測はもとより，個々の対策が感染状況に及ぼす影響などに関して科学的なデータと評価が不可欠であり，したがって政策当局者の態度においては科学への理解と尊重が強く要請される。

⑶　第２の要因

第２の要因は，国民の反応である。言うまでもなく我が国は民主主義国家であり，政策の政治的正統性は国民の支持によって裏付けられる。この点，強権的対策によって，いわゆるゼロ・コロナ政策を進めた権威主義国家等とは，政策の決定・実施の構造が土台から異なる。我が国をはじめとする民主主義国家においては，国民の反応が政策の動向に大きな影響を及ぼすのであり，特に，脅威としての特質において既に述べたとおり，「すべての個々人にとっての健康・生命・生活上の脅威」であることから，国民の反応は当該対策への評価として先鋭化して現われる。国民の反応・評価を不断に注視しつつ，対策の発動のタイミングや強度の調整に反映していくことが，政策当局者の最も重要な留意点となる。

(4) 国民の理解

第2の要因である国民の反応・評価に関して重要な点は，国民が状況を正しく理解し，判断できるような基盤を整えることである。誤った情報と誤解に基づきバイアスのかかった評価（世論形成）がなされることは，最も大きなリスクであり，このリスクをいかに排除するかが極めて重要である。そのためには政策当局者は，現在置かれている状況，政策の意図・結果等に関して正確な情報を適時に発信し，国民と共有していかなければならない。そして，その不可欠な前提として，最適点を探求する政策判断のメカニズム自体（＝参考図）を国民に理解し，共有してもらうことが必要である。

(5) メディアの役割

こうした構造の中で，メディアの果たすべき役割は非常に重要である。メディアには双方向での役割が要請される。すなわち，①国民に必要な情報を迅速・正確に提供することにより，国民のリテラシーの向上と適切な判断の実現に資すること，②国民の反応・評価の状況を適時適切に明らかにし，政策の適正化に資することである。

◆社会の在り方

今般の新型コロナウイルス感染症の流行は，世界各国の社会に甚大な影響を及ぼした。

コロナ前から，先進国はどの国の社会も曲がり角にあり，その中で格差と分断の拡大に直面していた。そこへコロナが発生し，社会の脆弱性がさらに増大する方向に作用した。

⑴　社会への影響に注視

先に述べた脅威としての感染症の特性（①すべての個々人にとっての健康・生命・生活上の脅威であり，②脅威自体が長期に持続する）を考慮すると，経済への影響もさることながら，社会への影響がボディブローのようにじわじわと効いてくるであろう。その影響は最も弱い層に現われていくのであり，現に例えば，生活保護の受給率は前年を上回って伸び続ける気配を見せている。生活困窮者をはじめ様々な支援を要する人々の状況・動向には，今後も特段の注意を払っていく必要がある。

⑵　足腰の強い社会の構築に向けて

今般のコロナ禍は，私たちの社会や国家に大きな負の影響を及ぼした。しかし同時に，社会や国家に対する人々の信頼の重要性と，信頼に裏付けられた足腰の強い社会を構築していくことの必要性が，改めて確認された。「足腰の強い社会」とはどのような社会か，その在り方を私たち全員が探求し，実現に向けて取り組んでいかなければならない。その過程でまず求められることは，国民すべてが共有できる理念，そして社会・国民の統合に向かう理念を確立していくことである。

鈴木俊彦（すずき　としひこ）
日本赤十字社副社長／東京大学公共政策大学院客員教授。東京大学法学部卒業後，厚生省（当時）入省。総理官邸内閣参事官，社会・援護局長，年金局長，保険局長などを経て，2018年7月から2020年9月まで厚生労働事務次官を務めた。

4 ディストピアを防ぐメディアの役割

五十嵐 文
『中央公論』編集長（当時）

3年以上に及んだコロナ禍は，マスメディアに対する人々の信頼を損ない，陰謀論を助長したのではないか。

これが，新型コロナウイルスによるパンデミック（世界的流行）を報じる立場にあった新聞記者として，最も気がかりな点の一つだった。2021年春以降は新聞から月刊誌へと手がける媒体は変わったが，ジャーナリズムの主たる担い手であるマスメディアやその情報をめぐり，コロナ禍が人々の考え方や態度にどのような影響を与えたのかについての答えを探し続けている。

◆「反ワクチン」の広がりは限定的

編集長を務める『中央公論』の2023年11月号で，「陰謀論が破壊する日常」という特集を組んだ。パンデミックが日本の言論空間に与えた影響を検証したいと思った。

社会学者の大沢真幸氏は寄稿で，人は自分が不当に不幸だという「不遇感」を抱えた時に陰謀論に陥りやすいと指摘した。コロナ禍では多くの人が「不遇感」を経験し，陰謀論が広がりやすい条件下に置かれたのは確かだろう。

一方，早稲田大学講師のロバート・ファーヒ氏は，陰謀論をめぐり実施した世論調査の結果について分析を寄せた。意外にも，日本では「反ワクチン運動」を含め，陰謀論を信じる人の割合がコロナ前より後の方が低くなったという。

危機下にあってSNSを中心に極論が目につき，日本でも反ワクチンを主張する政党が支持を伸ばしたものの局所的な現象にとどまり，主流になることはなかった。こうした分析には救われる思いがした。

◆ 支持政党による「分断」は見られず

学者らの指摘は，マスメディアの一員として実際に見聞きした現象とも符合する。

新型コロナウイルスの感染者急増時や，ウクライナ戦争の開戦直後に，新聞各社のウェブサイトへのアクセスが集中した。危機に際し，正確で信頼できる情報を欲した表れだろう。

コロナ禍の最中に実施された日本新聞協会の2022年の調査でも，6割以上が新聞は「信頼できる」と回答している。

ここで強調したいのは，新聞やテレビなどのいわゆる伝統的メディアが比較的高い信頼を維持しているのは，世界共通の現象ではないという点である。

例えば米国では，支持政党の違いによってマスメディアへの信頼度が大きく異なることが知られている。米世論調査会社のギャラップが22年9月に行った世論調査では，メディアを信頼しているとの回答は民主党支持層では70%だったのに対し，共和党支持層は14%にとどまるという「分断」がみられる。

新聞を含む多くの米国メディアが「保守」か「リベラル」かの両極に分かれつつあり，特に17年に大統領に就任したドナルド・トランプ氏が，自らに批判的な，主にリベラルなメディアとその報道を「フェイクニュース」と切り捨て，社会や世論の分断の傾向に拍車をかけたことが背景にあるだろう。

日本ではどうか。スマートメディア研究所が11月に発表した「メディア価値観全国調査」によると，マスメディアを「信頼している」とした人は68%。このうち，政治的立場が「保守的」の人は69%，「リベラル」は67%，「中間」は70%とほぼ差はなかった。

年齢層別に見ると，世代が若くなるほどマスメディアへの「信頼度」は薄れる一方で，「重要だと思うニュース」については，若年層を含めてあらゆる世代で「新聞の1面に掲載されるニュース」を挙げる人が最も多かった。

若い世代の新聞離れが指摘され，実際に紙の新聞を読まない人が増えているにもかかわらず，伝統メディアが大きく扱うニュースは「重要だ」と認識していることをうかがわせる。

◆日本メディアの特性とは

日本には全国紙が読売，朝日，毎日，産経，日本経済新聞の5紙ある。論調に違いはあるにせよ，どの新聞を選んでも，重要なニュースは基本的に網羅されてきた。

コロナ感染拡大期には当時の安倍晋三首相に対し，特にリベラルなメディアが批判を強め，安倍氏がそうしたメディアを名指しで「口撃」するという，米国を彷彿させる場面が繰り返された。それでもコロナに関して国民が知るべき政府の重要発表や政策について，主要メディアが全く報じないといったことは見られなかった。

こうした日本の新聞の特性が「横並び」だとして批判されてきたのは承知しているが，それが総じて報道の質の低下を食い止めてきたともいえる。

インターネットの普及を背景に新聞離れが進み，今後は新聞社をはじめ伝統的メディアの淘汰が進む可能性がある。その時，米国の一部メディアにみられるように，特定の政治的立場を支持するコア読者に媚びるがための恣意的な報道によって生き残りを図ろうとすれば，かえってジャーナリズム全体の信頼が損なわれ，結果として人々が陰謀論などの極論にひきつけられる要因となるのではないか。

コロナ禍のような危機に際し，人々が信頼できる情報源として立ち返ることのできる拠り所として，マスメディアが果たすべき責任はなお重い，と改めて感じる。

◆ ウイルスの前では記者も「当事者」

コロナ禍の2020年６月から２年間，新聞社の国際報道を統括する国際部長として，東京から海外の特派員と連絡を取り合う日々が続いた。

その中で，気づいたことがある。パンデミックの取材では，記者が客観的な第三者として物事を報じ続けるのは難しいということだ。

報道の現場，特に紛争や災害などの非常事態を取材する際には「PRESS」と大きく書かれた腕章やベストを身に着けて，「当事者」ではないことを周囲に示しながら取材を進めることがある。だが，新型コロナウイルスを前に，そんなことをしても全く無駄である。

多くの特派員が，赴任先で感染したり，相手国の政策に基づく厳しいロックダウンなどで自宅に籠ってのリモート取材を余儀なくされたりした。

そんな状況で原稿を送り続けた特派員らには頭が下がる思いだが，ネットがつながる地域であれば，「特派員でなくても東京から取材できるのではないか」という厳しい指摘を社内外から受けたのも事実である。

言い換えれば，コロナ禍は，私を含め多くのジャーナリストが「マスメディアが伝えるべき本当に価値のある情報とは何か」を突き詰めて考える契機になった。

◆現場取材の大切さを再認識

この3年余りを振り返って改めて思うのは，「現場に足を運び，対面で相手から話を聞く」ことの大切さである。こうした取材の原点に可能な限り立ち返ることは，迂遠なようでいて，出所が不確かな伝聞・間接情報が溢れる時代にあってはマスメディアの情報の価値を高め，差別化を図る道ではないかと感じている。

現場には，カメラのフレームで四角く切り取られた映像には収まらない広がりや奥行き，そしてにおいがある。インタビューの前後の何げない会話やしぐさに，その人の本音がにじみ出ることもしばしばある。

それらを，経験を積んだプロの記者と編集者が言語化し，社内で何重ものチェックを経て発信される情報には，おのずと力強さが宿る。

新聞社ではそれぞれの記者の取材力に加え，組織ジャーナリズムの強みを生かす工夫がなされたことも付け加えたい。

コロナ感染拡大の初期段階から，政治部，社会部，国際部，経済部，科学部，医療部など関係する取材部のデスクが連日定時に集まり，当日やその先の出稿予定についてすり合わせることが常態化した。

新聞社も組織であり，縦割りを排するのは容易ではない。今回，長引くコロナ禍で部際での紙面作りが実績を上げ，定着した意義は少なくない。ネット上の書き込みや衛星写真など膨大なデータを活用した「データジャーナリズム」など，新たな報道手法を通じて変革を進めるには，記者や編集者以外の人々や企業など，より広いネットワークづくりが急務であるからだ。

◆「ニュース回避」という新現象

コロナを経てマスメディアが信頼を失い，陰謀論を勢いづかせたのではないかという本稿冒頭で掲げた懸念は，今回に限っていえば杞憂に終わった。だからといって，新聞離れに歯止めがかかったわけではなく，むしろ加速している。

さらに気になるのが，新聞離れを通り越して，ニュースそのものを意識的に見ないようにするという「選択的ニュース回避」と呼ばれる現象が目立ってきたことだ。

英国のロイタージャーナリズム研究所によると，日本を含む46カ国全体で「選択的ニュース回避」は36%，日本でも11%だった。「政治や新型コロナウイルスなどのテーマが多すぎる」「気分に悪影響がある」などが主な理由だという。

ウクライナ戦争に続き，イスラム主義組織ハマスとイスラエルの軍事衝突が起きた。コロナが収束に向かう一方，中国では11月から呼吸器疾患が急増している。ウイルスの変異や新たな感染症の脅威は消えない。

ニュースを生業としてきた私自身，デジタル空間を飛び交う膨大な情報とその内容にはしばしば圧倒されるので，「ニュース回避」したくなる気持ちは理解できる。それでも，厳しい現実から目を背ける人が増えれば，米国など先進国でもみられるように，統治は荒れ，陰謀論がはびこる「ディストピア」にいっそう近づく。容認するわけにはいかない。

世界的なジャーナリズムの衰退の流れに抗うのは容易ではないが，できることを探り，仲間と共に続けていきたい。

五十嵐文（いがらし　あや）
中央公論編集長（当時）。上智大学卒業後，読売新聞社に入社。政治部，ワシントン支局，中国総局長，論説委員などを歴任。

5 弱者保護を望んでもロックダウンまでは望まない日本人

宇野 重規
NIRA 総合研究開発機構理事／東京大学教授
重田 園江
NIRA 総合研究開発機構上席研究員／明治大学教授
渡辺 靖
NIRA 総合研究開発機構上席研究員／慶應義塾大学教授

2022 年，「自由と平等」をテーマに研究プロジェクトを立ち上げ，議論を重ねてきた。日本人の自由や平等に関する価値観を把握するため，コロナ政策を事例として取り上げ，「コロナ禍の政策と行動についてのアンケート」調査を行った。本調査では，次のように，日本人の自由や平等に対する意識を把握する上で参考となる，いくつかの興味深い結果が得られた[1]。

第 1 に，日本人は，自由の制限に対して許容的であるということだ。調査結果によると，パンデミックなどの緊急事態における政府による行動制限に関して，半数の人が「自粛」要請が望ましいと考えている（図1）。日本人は，自由と平等どちらを選ぶかと言われると自由を選ぶ人の方が圧倒的に多いが，一方で，日本人が自粛を支持していることが分かる印象的なデータだ。また，自粛以外の 2 つの方法──行動を禁止する「ロックダウン」と，行動の禁止や自粛要請を行わない「自由」──とでは，「ロックダウン」を望む人の方が「自由」を望む人よりも多い。

図１　政府による望ましい行動制限

Q. パンデミックなどの緊急事態における、政府による行動制限は、どれが最も望ましいか

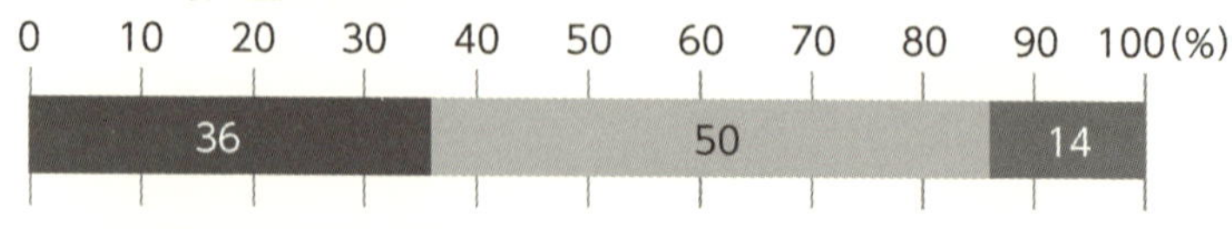

■ 行動を禁止する。違反した場合には罰金等を科す（ロックダウン）
■ 行動の自粛を要請する。違反した場合でも罰金等は科さない（自粛）
■ 行動の禁止や自粛要請はしない（自由）

第２に，行動制限に関しては，経済活動への影響を最小限にして「経済活動を優先する」という意見よりも，重症化しやすい高齢者などの「弱者の保護を優先する」という意見の方が多数となったことだ（図２）。年齢別にみると，加齢に伴い，「弱者の保護を優先する」という意見が多くなる。これは，高齢者の重症化率が高いことから納得のいくものだ。

第３に，自分が自粛している人は，他人も同様な行動をとってくれるだろうという期待が高いことだ。アンケートで，マスク着用要請が出ている時に，他人がどの程度の割合で要請に従うことを期待するかを聞いたところ，他人の行動に対する期待度については，65％もの人がマスクの着用を「ほぼすべての人」に期待していることが明らかとなった（図３）。

ただし，それが行き過ぎると他者への同調圧力につながることも示唆された。自粛要請を支持する理由として，「大多数の

図2 パンデミックにおける行動制限の考え方

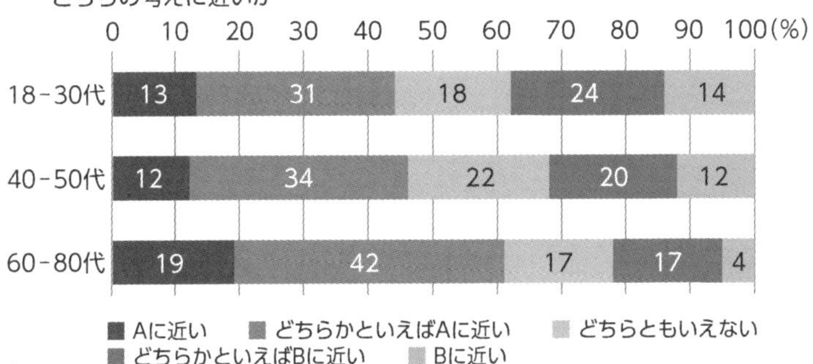

A：経済的な不安をもたらすことがあっても，社会全体で行動制限をし，重症化しやすい人々を最大限守るべきである。

B：重症化しやすい人々を多少リスクにさらしても，社会全体での行動は制限せず，経済への影響を最小限にするべきである。

図3 マスク着用要請時，他人への期待感

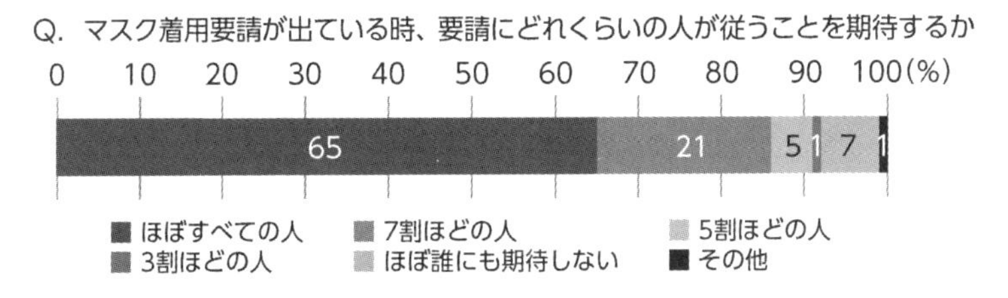

市民は善良であり，市民の良心を活かすのが民主主義の根幹である」という論点に賛同した人ほど，それ以外の論点に賛同した人よりも他人がマスクを着用することへの期待が高くなった（表4）。マスク着用への期待を，同調圧力の1つだと考えれば，

市民社会への期待と社会への同調圧力が表裏一体の関係にあることがうかがわれる事例だ。

表４　自粛派で「ほぼすべての人にマスク着用を期待する」と回答した割合

論点	論点に賛同する人	論点に賛同しない人	差
ロックダウンすると経済活動が著しく制限され、生活が立ち行かなくなる人々も出てくる	69%	69%	0%
狭い空間の中に閉じ込められるのは精神的ストレスが高く、運動不足や体力低下などにもつながる	67%	71%	-4%
大多数の市民は善良であり、市民の良心を活かすのが民主主義の根幹である	75%	65%	10%
強制的に市民の行動を束縛するのは民主主義の否定にほかならない	70%	69%	1%

これらのアンケート調査から明らかなように，コロナ政策の評価は人々の価値観によって影響を受け，国民が納得して行動を変えるには，日本人の価値観に合うように政策を展開していかなければならない。コロナ対策の経験から何を学び，どういう政策をとることでより良い政策形成につなげていけるのかを議論することが必要となる。

また，「自由かロックダウンか」，「経済優先か弱者保護か」という二項対立の解釈について，明確に意見が分かれている訳ではなく，どちらかというと，かなり緩やかに分布しており，これは，ある意味で日本的な特徴だといえる。さらに，日本人の自由は，アメリカのリバタリアンにみるように原理原則にこだわるものではなく，メディアの報道や世間の反応をみながら状況を変えていくものであり，日本人の自由と平等に対する曖昧な意識が表れている。

われわれは，コロナ禍を一過的なもので済ましてはならず，起きた事象，その発生プロセス，政策の効果などをしつこく検証し，分析していく必要がある。そして，次の緊急事態発生時に，個人個人や社会全体にとってバランスのいい判断をできるようにする。その判断の基礎となるのは自由，平等といった基本的価値である。日本人の価値観に合うように政策を展開することは，人々と政府との結びつきを強化し，政府に対する信頼向上につながる。ひいては，われわれが直面する課題やリスクに対処する能力を向上させることになる。日本社会がどうやって様々なリスクに向き合いながら，自分たちの社会の良さを発展させていけるのか，引き続き考えていく。

＊本稿はNIRAフォーラム2023「テーマ2：日本人の価値観に合った政策展開を──コロナ政策から得る教訓──」では，日本のコロナ政策についての人々の意識について，討論を行った結果をまとめたものである。本フォーラムは，2023年2月4日に開催された。既出のNIRA総合研究開発機構（2023）「日本人の価値観に合った政策展開を──コロナ政策から得る教訓──」NIRAオピニオンペーパーNo.71に編集を加えたものである。

第2部

1 日本人にとっての自由と平等
――その政策的含意

宇野 重規
NIRA総合研究開発機構理事／東京大学教授

本稿では，コロナ禍にとどまらず，様々な政策を実現していくための検討事項として，日本人の自由と平等に対する価値観，およびそれが政府への信頼にいかなる影響を及ぼすかについて論じる[1]。そして，より良い政治過程や政策過程を実現するため，基本的な信頼を築いていくことの重要性について議論する。

◆日本人の感覚に裏打ちされた政府への信頼

これまで，日本人の自由と平等に関する調査[2]の中で明らかになったのは，日本人が自由を平等より重視していることであった。ただし，コロナ危機でも明らかになったように，安全のための自由の制限はむしろ積極的に受け入れること，また自由を選ぶ人はもちろん，平等を選ぶ人でも「行政サービスの簡素化」を望む人が目立った。

これらの調査から浮かび上がった論点の1つが「政府への信頼」である。しばしば指摘されるように，日本において，政府に対する信頼，特に身近な地方自治体に比べ国レベルの政府に対する信頼は決して高くない。このような傾向は世界的に見られるが，日本の場合，消費税などの増税に対する忌避感が特に顕著である。またコロナ対応においても，政府による様々な施策に対する批判が根強く，ロックダウンなど政府の直接的な規制よりも自粛を選ぶ傾向が強かった。

しかしながら，その一方で，日本においては，諸外国でしばしば見られるような，財政赤字の削減や政府の財政規律を強く求め，「小さな政府」を標榜する政党は見当たらない。所有権をはじめとする個人の自由の最大化を求め，その裏返しとして政府による規制や再配分の最小化を目指すリバタリアニズムの思想も強くない。

結果として，増税や政府による規制を嫌うという意味で「大きな政府」を支持するとは言い難い日本人は，同時に，財政赤字の削減や政府の財政規律を強く求めず，膨大な財政赤字を許しているという意味で「小さな政府」の支持者でもない。これを日本人の自己矛盾と呼ぶのは容易だが，このような判断の背景にある日本人の自由と平等に関する微妙な感覚や，政府への信頼の両義性については，さらなる検討が不可欠であろう。

特に注目されるのが，政府の公正さに対する日本人の強い関心である。言い換えれば，増税や政府による規制を嫌うのは，はたしてそれが公正であるかについて疑念があるからである。一連の調査を通じて浮かび上がったのは，不正に特権を享受する人々がどこかに存在するのはないか，また政府の施策はそれら「ズルい」人たちをむしろ利するものではないかという疑念の根強さであった。このような疑念は特に社会階層意識の低い層に強く見られ，結果として最も社会保障による行政サービスを必要とする人々が，むしろ政府の積極的な役割に否定的であるというパラドクスを生み出している。

もちろんこのような日本人の感覚は歴史的に形成されたものであり，その起源や原因を単純に特定することは難しい。しかしながら，この傾向はコロナ危機を通じてさらに強まっている。それだけに，これから政府への信頼を回復し，様々な政策の実現を可能にするためにも，このような日本人の価値観についての分析と評価が重要である。以下の報告はいずれもあくまで仮説的なレベルでの推論にとどまるが，今後の検討の一助としたい。

◆ 日本人の好む「平等な自由」

最初に日本人の自由と平等の感覚について指摘しておきたい。すでに言及したように，日本人は平等より自由を重視する傾向にあり，この傾向は国際比較においても顕著である。しかしながら，その場合の自由とは個人の無制限な自由を擁護するものではなく，むしろ自己と他者が等しく一定の社会規範やルールを遵守することを前提にした自由である。

コロナ危機においても，ロックダウンなど政府による直接な規制を嫌う日本人は，同時に移動や行動の自由の無制限な承認にも消極的であり，多くが人々の自発的な「自粛」を評価した。そこに見られるのは，法的な規制ではなく，むしろ諸個人が自ら社会的に望ましい行動を取ることへの期待であった。逆に，そのような期待に反する他者の行動に対しては厳しく，それが強まれば，コロナ期間中に見られたいわゆる「自粛警察」のような同調圧力ともなる。

社会秩序や安全のために一定の制約を自ら引き受けることを厭わない日本人は，同様の制約を他者も受け入れることを期待する。その意味においては，日本人にとっての自由は「平等な自由」である。

ただし，それは道徳法則が普遍的であることを求めるカントのそれとも[(3)]，多様な価値観を持つ人間の共存のルールとして正義を捉えるロールズのそれとも異なる[(4)]。日本人にとっての基準は，時に「空気」(山本七平)[(5)]，時に「世間」と呼ばれる，ある種の社会的コンセンサスであろう。コロナ期間中においても，公共の場所におけるマスクの着用を求めたのは政府による規制ではなく，一定の社会的なコンセンサスであった。

ただし，これを「日本人の特殊性」とみなす必要はない。これはこれで世界に広く見られる，1つの「平等な自由」のあり方だろう。問題はむしろ，本誌で渡辺靖が強調しているように，「平等な自由」を支える「レファレンスポイント(参照点)」の混乱である。

日本人にとっての「自由」の感覚が，ある種の「平等」の理念に支えられているとすれば，重要なのは参照点となる他者の存在である。人々は日常的に，自分の行動や判断を比較するための他者を探し求めている。そのような参照点としての他者を基準に，自らの振る舞いを決定し，今度はその基準の実現を別の他者に求める。それが満たされないときに感じるのが，「ズルさ」への不満である。

ところが現在の日本において，伝統的な地域はもちろん，会社や業界といった，これまで個人にとってレファレンスポイントとなってきた中間集団が弱体化している。人々は比較の基準を見失い，テレビのワイドショーやSNSなどのネット情報への依存を強めている。結果として基準はときに迷走し，ときに急進化する。「特権」や「上級国民」といった「ズルい」人々への批判がしばしば話題になるのが，その証左であろう[6]。

逆に，財政や社会保障問題を論じるにあたっては，先々の生活に不安を感じる高齢層と，自分たちが無視されていると不満を感じる若年層，さらに子育てと介護の負担に苦しむ中間世代を結びつける共通の基準は不在である。それぞれは他の年代に対して不満と断絶を感じ，世代を超えた，義務と権利，負担と享受のバランスあるイメージを抱きにくい。

その意味では，現在求められているのは，年齢や性別，置かれた境遇の違いを超えて，人々が自らの人生を展望するためのレファレンスポイントを回復することであろう。生涯を通じて見るならば，自分の負担と享受にはバランスが取れており，しかも他者と比較しても公平で平等である。このような感覚を取り戻すための基準を再検することが，今後の日本にとっての大きな課題となるはずである。

◆政府に対する不信と期待

関連して政府への信頼についても一言しておきたい。政府への信頼の低下は世界的な現象であり，特に世代が低下するにつれてその傾向が強まるのも共通している。ただし，政府への信頼を失ったために，それに代えて市場化や民営化を重視する新自由主義や，個人の絶対的な所有権を擁護するリバタリアニズムが強まっているアメリカと比べると，日本でいう「政府への不信」はそれとは異質であるように思われる。日本人の「小さな政府」志向は決して強くない。人々は間違いなく政府に一定の期待をしているが，そのサービスが公正に配分されていないことに不満を募らせているのである。

同様に，政府の財政破綻から自国の政府や通貨を信用せず，米ドルなどの保有へと人々が走る南米諸国の場合とも違っている。日本の場合，一部の例外を除いて，海外への移住や，自らの資産を海外へと移転する動きは加速していない。むしろときに「内向き」と言われるような国内志向が世代とともに強まり，自国通貨への信頼も低下していない。このような傾向が今後も続くかは定かでないが，少なくとも現状においては，南米諸国に見られるような政府不信は希薄である。

そうだとすれば，日本における「政府への信頼の低下」なるものは，新自由主義的な市場・個人志向とも，自国やその政府への不信による海外志向とも結びついていないことになる。むしろ一定の「良き政府」への期待があるために，逆にそれが充足されないことによる不信や不満が目立つようになっていると捉えるべきであろう。

もちろん，だからと言って，日本の状況が相対的にはましであると評価するわけにはいかない。すでに指摘したように，本誌後掲のNIRA調査でも，社会階層意識が低いほど，政府やその政策への不信が強く，政党支持においても新興政党へと向かう傾向が見られる。日本において現状においてポピュリズムの脅威が極めて大きいとは言えないが，今後，社会階層意識がより高い層においても同様の傾向が強まれば，政党支持の構造が一気に流動化することも考えられる。現在のような政府への信頼の低下を放置するならば，大きな不安定化要因となることは間違いない。

今後，日本においてより良い政治過程や政策過程を望むのであれば，本誌で重田園江が指摘しているように，「基本的な信頼の下に政策について議論し判断できるような社会」をつくり上げていくしか道はないだろう。日本人の自由と平等の価値観に合致し，人々に生涯にわたるバランスある負担と享受の展望を提供するための，公正で信頼ある政策形成のネットワークを構築すべきである。

(1)　本稿は，宇野重規・重田園江・渡辺靖（2023）「政治不信は民主主義をどう変えるのか——社会に潜むネガティブな感情をつかむ——」NIRAオピニオンペーパーNo.74に収録の「日本人にとっての自由と平等——その政策的含意——」をもとに加筆修正を行ったものである。

(2)　宇野重規（2022）「日本人にとっての自由と平等とはなにか

──熟慮・熟議型調査から考える(3)──」NIRA オピニオンペーパー No.62，宇野重規・重田園江・渡辺靖（2022）「2000 人調査から見えた日本人の『自由』と『平等』観」『中央公論』4 月号，134-145 頁。

(3) イマニュエル・カント・波多野精一他訳（1979）『実践理性批判』岩波文庫。

(4) ジョン・ロールズ・神島裕子他訳（2022）『政治的リベラリズム　増補版』筑摩書房。

(5) 山本七平（2018）『空気の研究』文春文庫。

(6) 現在，日本人の平等への評価が低いことも，このことと関係しているのかもしれない。さらなる検討が必要である。

宇野重規（うの　しげき）
NIRA 総合研究開発機構理事。東京大学社会科学研究所教授。東京大学大学院法学政治学研究科博士課程修了（法学博士）。専門は西洋政治思想史，政治哲学。

2 日本における政治不信とポピュリズムの行方
──米国との比較から

渡辺　靖
NIRA総合研究開発機構上席研究員／慶應義塾大学教授

本稿では，日本における政府への不信を米国と比較することで，日本のポピュリズムの行方について議論する。欧米と比べると日本の状況はマイルドであるが，破壊主義ないし「多数派の専制」に陥らないためにも，必要な方策について述べる[1]。

◆「自由」や「平等」よりも「世間」

「自由」と「平等」は必ずしも対概念ではない。「自由を平等に保障する」「不平等は不自由をもたらす」など，含意や文脈によっては矛盾なく用いることができる。コロナ禍の日本人の価値観について議論してきた過程で分かったことは，人びとは必ずしも「自由とは何か」「平等とは何か」に関して確固たる原理原則を有しているわけではなく，むしろ「周囲」=「世間」の空気を参照としている点である。これは「自由」や「平等」をめぐる論争や闘争を経てきた欧米の民主主義国との歴史的経緯の違いに由来しているのかもしれない。たとえば，米国では再分配から社会保障，銃規制，教育カリキュラムにいたるまで，「自由とは何か」「平等とは何か」を考える習慣（ハビトゥス）が日本よりも根付いていると思われる。

日本の状況が善いか悪いかは分からない。「自立した自由市民」という観点からすると日本の状況は付和雷同的であり，「多数派の専制」につながりかねない。その一方で，個々人の原理原則にこだわるあまり，妥協が「敗北」と見なされ，人々の協調メカニズム＝ソーシャル・キャピタル（社会関係資本）が棄損される状況が望ましいとも思えない。

もっとも「世間」の空気を参照するといっても，「世間」を捉える視座は一様ではない。究極的には個々人によって異なるが，ある程度，社会的な属性の影響を受けると私は考える。すなわち方法論的個人主義（＝名目論）に落とし込むのではなく，世代，性別，居住地域，所得，学歴，職業などによって何かしらの傾向は確認できると考えられ，そのことは本誌後掲のNIRA 調査からも明らかとなった。

◆米国との比較

とりわけ興味深いのは，宇野重規も本誌で指摘しているような「ズル」に対する鋭敏な感覚である。他者が「ズル」を働くことに厳しい眼差しを向けている。これは必ずしも日本特有の現象ではない。米国では左派は「ビッグ・ビジネス」が，右派は「ビッグ・ガバメント」が，それぞれ市民の利益を蝕んでいると批判している。2010 年代には左派による「ウォール街を占拠せよ」運動と右派による「ティーパーティ」運動が起きた。それはそれぞれ「サンダース旋風」，「トランプ旋風」へとつながっていった。

政策的には両者は「水と油」の関係にあるが，ポピュリズム（反エリート主義）という点では共通している。陰謀論というと右派を連想しがちであるが，左派の側でも「ビッグ・ファーマ（製薬会社）が政府と結託して（科学的効果が十分に立証されていない）ワクチンを推奨し，市民の安全を犠牲にしながら，グローバル資本を追求している」との陰謀論は存在する。右派の側の「政府による個人の権利の侵害」とは異なる理屈だ。

陰謀論はやや極端としても，「われわれ」対「やつら」という図式で社会関係を捉える政治的トライバリズム（部族主義）は今日の米国政治におけるキーワードと言って良い。いわゆる「ウォーク文化」や「キャンセル文化」などはその派生的現象である。現代の米国政治における逆説の１つとして，医療保険改革や公害対策など，労働者層に大きな恩恵をもたらすはずの政策を当の労働者層自らが拒む傾向が指摘される。単に実利面での合理性だけでは説明がつかず，「反リベラル」「反政府」など，社会認識の根底にある「ディープストーリー」まで理解する必要が指摘されている(2)。

米国で「ズル」に対する鋭敏な感覚が助長された要因としては，格差拡大（ジニ係数の増大）や地域コミュニティの衰退などによるソーシャル・キャピタルの低減が挙げられる。また，政府に対する信頼度が（戦時や好景気時を除き）ほぼ右肩下がりとなり，1960 年代半ばの 70％台後半から，近年では 20％前後を低迷している点も指摘できよう（図 15）(3)。

図 15　アメリカにおける政府に対する信頼の推移

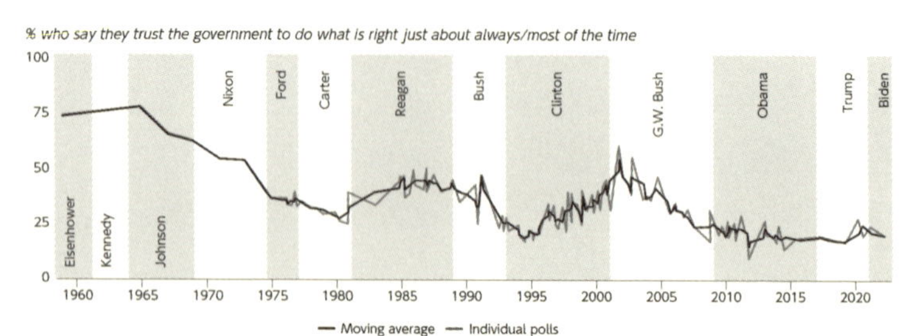

（出所）Pew research center, Public Trust in Government: 1958-2023

◆日本における注目層

もっとも，ポピュリズムの波が国政の中心にまで及んでいる欧米と比較すると，日本の状況はかなりマイルドに思われる。その理由としては，深刻な移民・難民・人種問題に直面していないこと，失業率が低いこと，政党のコントロール（候補者公認や党議拘束など）が強いこと，議院内閣制であること，などが挙げられよう。コロナ禍においても主要な政党やメディアは基本的な防疫対策（３密回避やマスク着用，ワクチン接種など）を奨励していた点は共通していた。

ただ，NIRA 調査では，「ズル」に対する感覚があらゆる属性に均等に存在しているわけではないことも浮き彫りになった。総じて言えば，社会的・経済的に不安定な層，より具体的には，若年層や低学歴層，低所得層において，政治への信頼度が低い点がうかがえる（注：政治不信と政治的無関心は必ずしも同義ではない。たとえば，政治に関心はあるが，政府を信用していないケースは十分に想定し得る)。調査結果からは，政策に対する不公平感から政府への不信感を抱いているケースや，社会階層意識が低く，世間への猜疑心をもちやすいケースが多い点が推察される。

米国では「若年層」は左派のポピュリズムに，低学歴層や低所得者層は右派のポピュリズムに，それぞれ共感しやすい傾向が見られる。双方ともに，「内向き」傾向が強く，保護主義色が濃く，海外支援や対外関与（ウクライナ支援を含む）に消極的である。ヨーロッパにおいても概ね同様の傾向が見受けられる。日本の場合，「若年層」が果たして左派のポピュリズムに共感しがちなのかは不明である（むしろ革新系の政党を守旧派，逆に，保守系の政党を改革派とみなす傾向があると見聞する)。ただ，今後，人口比率を増すこの層が世論形成に与える影響については注視する必要があろう[(4)]。

近年の生成 AI やロボット化などの技術革新によって，米国では産業構造が大きく変容しつつある。かつてないほど生産性が高まり，「創造的破壊」が起こりやすく状況は高学歴・高スキルの「持てる者」にとっては大きな機会が眼前に現れることを意味する。その半面，「持たざる者」にとっては社会参加へのハードルがより高くなり，疎外感や被害者意識が助長されかねない。つまり「ズル」している者を引き摺り下ろし，叩きのめしてくれるポピュリストを「救世主」のごとく待望する誘惑が左右双方で高まる可能性がある。程度の差こそあれ，日本もこうした大きなトレンドと無縁ではないかもしれない。

私自身はポピュリズムを必ずしも否定的に捉えておらず，民主主義は一定程度のポピュリズムを必要としているとさえ考えている。さもなければ特定の権力ないし権力者が固着化・世襲化し，事実上の権威主義や身分制社会に限りなく接近すると危惧するからである。とはいえ，情動的ないし煽動的に走りすぎてしまえば，ポピュリズムは単なる破壊主義ないし「多数派の専制」に帰結してしまう。内政のみならず，外交や地方政治にとってもそれは不幸であろう。

◆ 求められるレファレンスポイント

そうした事態を回避するのはどうすれば良いか。技術革新や所得格差，学歴社会などは構造的な課題であるため，即効性のある解決策はないかもしれない。ただ，情動的ないし煽動的になりがちなリスクをヘッジする１つの方法としては，「ズル」と思われている事象に対し複数の参照点（レファレンスポイント）を提供するのはあり得るのではないか。たとえば，海外との比較や過去との比較を通して，今，感じている「ズル」をより相対的に捉えることができよう。

本稿を執筆している時点（2023年9月）では，たとえば，自民党の国会議員が海外視察の際に観光名所で撮った写真が政治問題化し，党の女性局長を辞任する結果となった。議員辞職を求める声も存在している。物価高騰で生活に汲々とする市井の人々の現実とはかけ離れた「上級国民」の優雅な姿に「ズル」さを感じている点や，国会議員としての緊張感のなさや海外視察制度そのものの見直しを求める点は理解できる。

しかし，仮に米国の連邦議員が東京タワーをバックにした写真をSNSにアップロードしたとして，これほどの大ごとになるとは到底思えない。日本と米国のどちらが「健全」なのかを論じているわけではない。海外との比較や過去との比較を通して，自らの社会が知らぬ間に陥ってしまっている認識バイアスに気付くかもしれないということである。この点は，「ズル」に憤慨している市民のみならず，政策担当者や研究者にとっても必要と思われる。あるべき「自由」や「平等」，さらには「民主主義」の姿について真摯に論じているつもりでも，気づけばエスノセントリックな「ズル」さの感覚や基準に流されている可能性については自覚的であるべきだろう。

(1) 本稿は，宇野重規・重田園江・渡辺靖（2023）「政治不信は民主主義をどう変えるのか――社会に潜むネガティブな感情をつかむ――」NIRA オピニオンペーパー No.74 に収録の「日本における政治不信とポピュリズムの行方――米国との比較から――」をもとに加筆修正を行ったものである。

(2) Frank, Thomas（2004）*What's the Matter with Kansas: How Conservatives Won the Heart of America*, Metropolitan Books. および Hochschild, Arlie Russell（2016）*Strangers in Their Own Land: Anger and Mourning on the American Right*, The New Press（布施由紀子訳（2018））『壁の向こうの住人たち　アメリカの右派を覆う怒りと嘆き』岩波書店）.

(3) 渡辺靖（2022）『アメリカとは何か――自画像と世界観をめぐる相剋』岩波新書。

(4) 同上。

渡辺 靖（わたなべ　やすし）
NIRA 総合研究開発機構上席研究員。慶應義塾大学環境情報学部教授。ハーバード大学大学院博士号取得。専門は，アメリカ研究，文化政策論，パブリック・ディプロマシー，文化人類学。

3 日本人が政府を信頼しない背景
――NIRA基本調査の結果から

重田 園江
NIRA総合研究開発機構上席研究員／明治大学教授

◆はじめに：「政治的無関心」という古典的な問い

「日本には政治的無関心が蔓延している」。こうした主張は数十年前からある。そもそもこの概念は，リースマンが『孤独な群衆』で1950年にすでに提示していた。リースマンは同書で，「政治はお上がやるもの」という伝統的なタイプとは異なる，新しい政治的無関心に着目した。それは，政治に関する一定の知識と政治参加の重要性の認識を持つ人々が，それにもかかわらず政治に冷淡な態度を取ることとして描写された。つまり，民主主義と政治参加がそれなりに行きわたった社会における政治的無関心は，必ずしも昨今の日本に特有の問題ではないということだ。むしろ，大衆社会あるいは民主主義社会に共通する政治的な課題であるといえる。

実は政治的無関心はつかみどころがなく，リースマンの著書でもその像ははっきりしない。政治に無関心でも投票に行く人もいれば，突如として政治的行動に駆り立てられる場合もあると，リースマンは指摘している*。

◆政府への信頼

コロナ禍で焦点化されたのは，政治的無関心とは似て非なる政治的態度としての「政府への信頼」だった。政治的無関心は，自ら積極的に政治に参加するか，政治の話題に興味を持つかなど，人々の「能動的」な政治的態度や行動の欠如として理解される。これに対して政府への信頼は，政府が行っていることを市民が評価する場合，また政府の要請にしたがうかどうかを決める場合に表れる。ここでは，能動的な政治参加が行われるかどうかではなく，政府による特定の政策や行動指針を是認するか否かという，政策の受容者としての態度が問題となる。

図１　政府への信頼と政治への関心

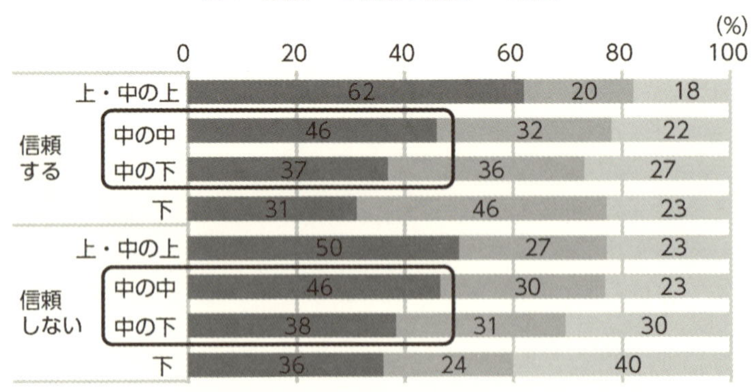

（注）本文中の図表は，NIRA 基本調査（本文では NIRA 調査と記す）の集計結果である。調査は 2023 年３月オンラインで行われた。回収数は 2,000 件であり，うち有効回答数は 1,805 件であった。分析はトラップ設問をクリアした人のみを対象とし，「国勢調査（2020 年）」の 18 歳以上の日本人を母集団とみなしウェイトによる補正を行った。

現にNIRA調査でも，政治への関心と政府への信頼は必ずしも連動しないことが示されている（図1）。

◆なぜ信頼が問題となったのか

コロナ禍では，ふだんは見られないような，市民の日常生活の基本的な部分にまで立ち入る，政府によること細かな要請が出された。

なかでも，都道府県をまたいだ移動の自粛やテレワークの要請，学校の休講やオンライン授業など，移動や行動の制限が，コロナ以前には想像もできなかった規模で行われた。

そうなると，政府が繰り出すあれこれの要請に対して，どういう根拠があるのか，なぜ生活が制限されるのかが問題になる。また，それによって飲食業や旅行業をはじめとして，商売が成り立たない人たちが出てくるのをどうするかなど，行動制限に付随した問題も続出した。つまり，人類が100年間経験しなかったパンデミックをきっかけに，基本的な行動の自由が制限されたことで，政府への信頼というテーマが大きくクローズアップされることになったのだ。

そして，行動制限やワクチン接種など，政府からの要請や指針が出るたびに，その妥当性が疑われ，批判が噴出した。根底には，「本当に政府の言う通りに行動すべきなのか」という疑念や，持続化給付金などを含めた政策が，適切かつ妥当なものかについての厳しい見方があった。

コロナに関する専門家会議からの提言や政府の方針をめぐっ

て，人々は不満を募らせ，メディアでは毎日喧々諤々の論争が行われた。いまとなっては，感染症はいつか沈静化するのだから人々はもう少し冷静であってもよかったと思われる。だがそのときは，いつ終わるとも知れない不自由へのいら立ちがあり，格好のはけ口が政府だったようにも見える。

いずれにせよ，こうした議論や意見表明を通して，「日本における政府への信頼」というテーマが焦点化されたことはたしかだ。

◆政府を信頼しないのはどのような人か

日本では政府への信頼度があまり高くないことは，コロナ以前から指摘されてきた。もっとも，アメリカでも急速に信頼の数値が落ちてきているので，これも日本だけの問題ではないのだろう。

では，日本の内部をもう少し詳しく見た場合に，相対的に政府を信頼しないのは，どのような人たちだろうか。コロナ禍によって，私たちは奇しくも政府への信頼を測る具体的な争点をいくつも手にすることになったので，これらについて見ていこう。

以下では，コロナ禍で行われたNIRA調査をもとに政府への信頼と社会属性との関係を示し，信頼／不信の要因となっている事柄を確認していく（図2）。

最初に概観を述べる。年齢区分では若年層は政府への信頼度が低く，学歴では大学院卒，年収では1,000万円以上の高学

図２　属性別にみた政府への信頼

(%)

		非常に信頼する	やや信頼する	あまり信頼しない	全く信頼しない
年齢	18-39歳（430）	2	27	44	27
	40-59歳（557）	2	32	43	22
	60歳以上（818）	2	39	43	17
学歴	中学（29）	3	21	46	29
	高校（560）	2	34	43	21
	短大・高専（340）	2	28	47	24
	大学（739）	2	36	42	20
	大学院（87）	6	51	32	10
世帯年収	400万円未満（765）	1	33	45	21
	400〜700万円未満（555）	2	33	43	21
	700〜1,000万円未満（310）	2	33	44	22
	1,000万円以上（173）	4	44	35	17
階層意識	上・中の上（171）	3	46	36	15
	中の中（339）	2	38	41	18
	中の下（345）	1	30	48	22
	1,000万円以上（173）	3	17	45	34

歴・高所得層は政府への信頼度が高い。年齢，学歴，年収ともに，それ以外の層ではあまり差が見られない。

年収よりむしろ顕著なのが，階層意識による信頼度の差である。階層意識が低いほど信頼度は下がる。

NIRA 調査から，高齢者を除いた現役世代で見ると，階層意識と世帯年収は比例していることがわかる。しかし，年収のみが決定的な要素ではない。

年齢・性別・職業を指標としてこの点を見た場合，40～59歳の無職男性が最も階層意識が低いことが分かる。また，配偶者ありは配偶者なしより男女ともに階層意識が高くなる（図3）（図4）。

つまり，40代から50代という「働き盛り」とされてきた年代で無職であること，また配偶者がいないことなど，社会的な地位や属性が階層意識を決定する要因となっていることが分か

図３　階層意識別にみた世帯収入（60歳未満）

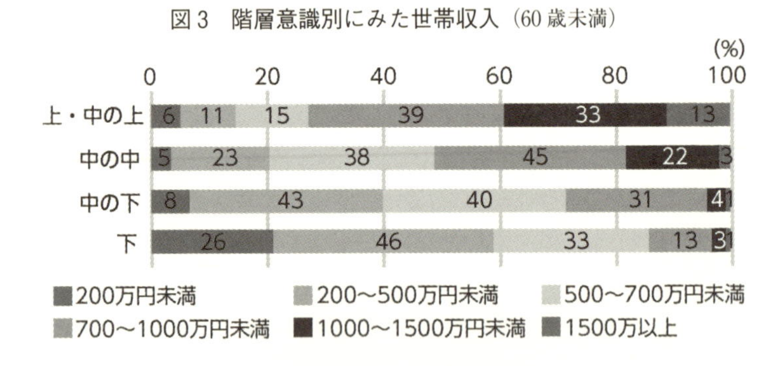

図４　就労状態と階層意識

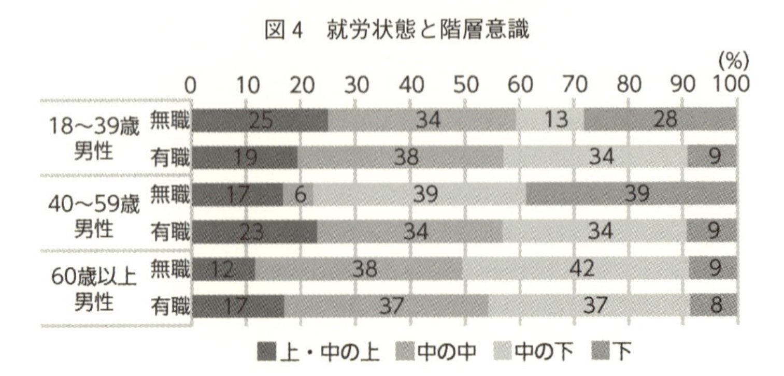

図５　配偶者の有無と階層意識

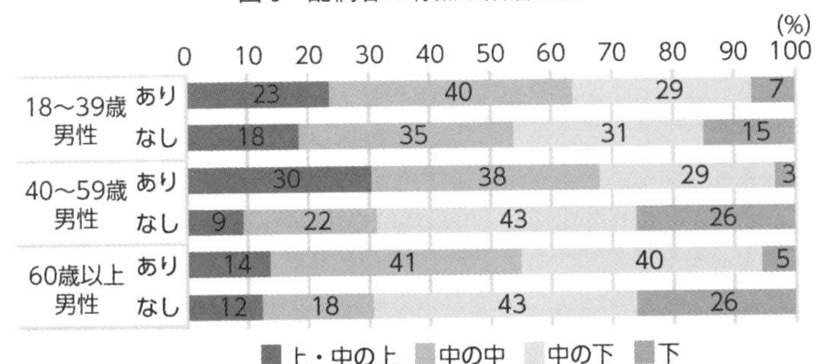

（注）女性については目立った差が見られなかったため，男性のみについて示す。

図６　１〜２年後の日本経済への見通しと政府への信頼

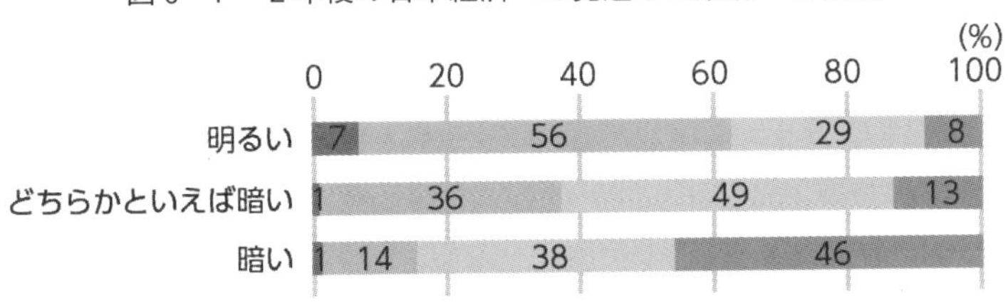

る（図５）。

ここで政府への信頼と経済の見通しとの関係についても述べておく。自身の家計，日本経済の将来ともに，先行きに厳しい見方をする人は，政府への信頼が低くなる（図６）。

また，野党支持者で政治家への信頼度が低い人は，一般に政府を信頼しない（図７）。これについては，政治家が私利私欲のために動くといったイメージを持っていれば，政治家不信と連動して政府への信頼度が下がるのは当然のことだろう（図8）。

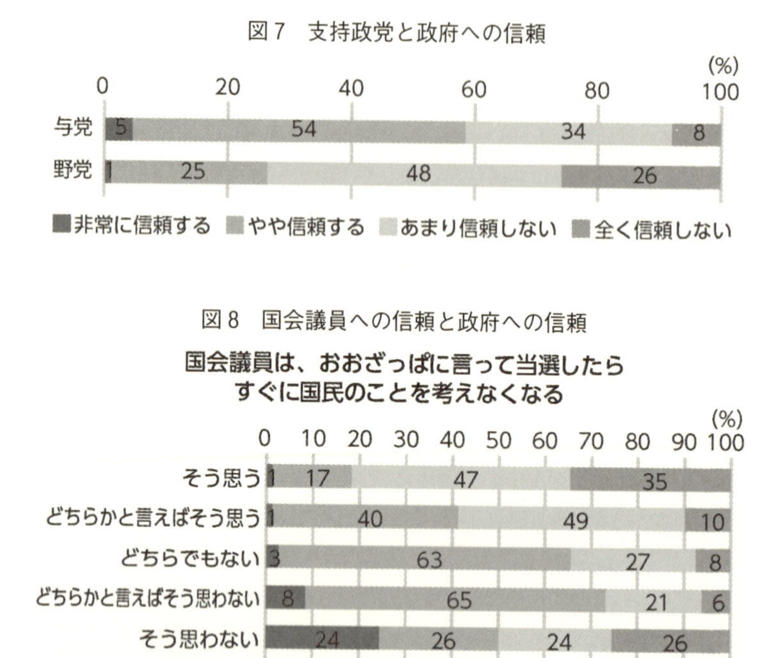

図7　支持政党と政府への信頼

図8　国会議員への信頼と政府への信頼

◆ 階層意識とポピュリズム政治

階層意識の低い人は，政府以外の対象への信頼度も全般的に低い（図9）。ただし，新聞・雑誌，家族，市民社会への信頼と比較した場合，SNSへの信頼度は相対的に高くなる（図10）。階層意識が低いと，失業や生活費の心配が大きくなり，目の前の生活をやりくりすることで精一杯だということが分かる。

図9　階層意識別にみた信頼度

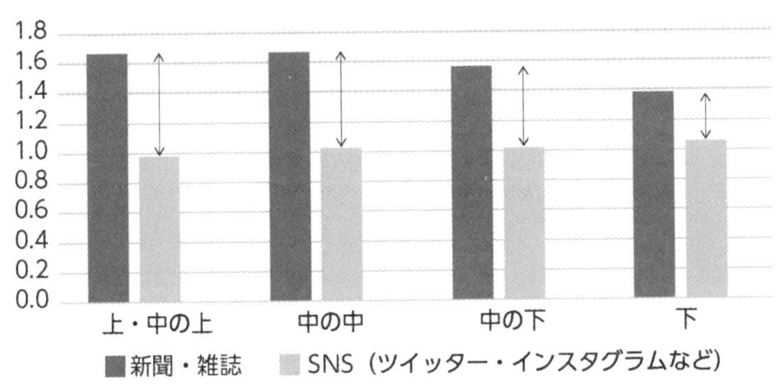

（注）各対象について「非常に信頼する」を3点，「やや信頼する」を2点，「あまり信頼しない」を1点，「全く信頼しない」を0点とし，その平均値を算出した。

図10　階層意識別にみた近い将来の心配事

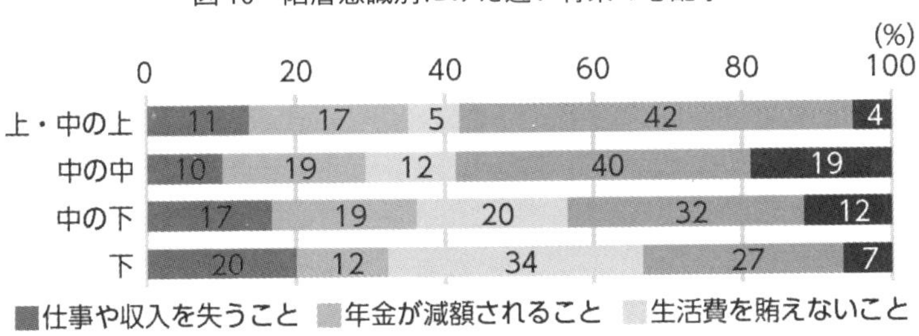

そのため年金や生活支援といった，自身の生活にダイレクトに関わってくる政策について，政府に不満を持つ。また，将来のための自己鍛錬を行う暇もなく，自分よりも後に来る将来世代に対して，その未来を顧慮する余裕もない人が目立つ（図11）。

図11　階層意識別にみた学習・自己投資・訓練にかける時間

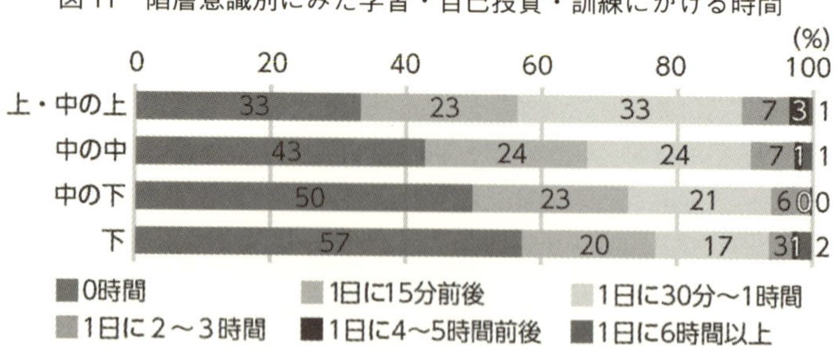

低い階層意識を持つ人たちはまた，努力によって豊かになれると思うことができない。そして，自身の行動が政治的に意味を持つとも思えなくなっている（図12）（図13）。

現状の政治家に信頼を置けず，政府のやり方にも不信感を抱くこうした人たちは，おそらく政党政治や代議制に失望しているせいで，直接的な強いリーダーシップを望むことになる。こ

図12　政府への信頼とポピュリズム傾向

現在の政党は既得権益にとらわれており、より直接的に人々の意思を代表するリーダーが現れてほしい

(%)

0 10 20 30 40 50 60 70 80 90 100

	そう思う	どちらかと言えばそう思う	どちらでもない	どちらかと言えばそう思わない	そう思わない
非常に信頼する	58	14	11	11	6
やや信頼する	33	48	16	2	1
あまり信頼しない	54	32	12	2	1
全く信頼しない	66	22	9	2	2

■そう思う　■どちらかと言えばそう思う
■どちらでもない　■どちらかと言えばそう思わない
■そう思わない

図 13　階層意識と生活・政治への意識

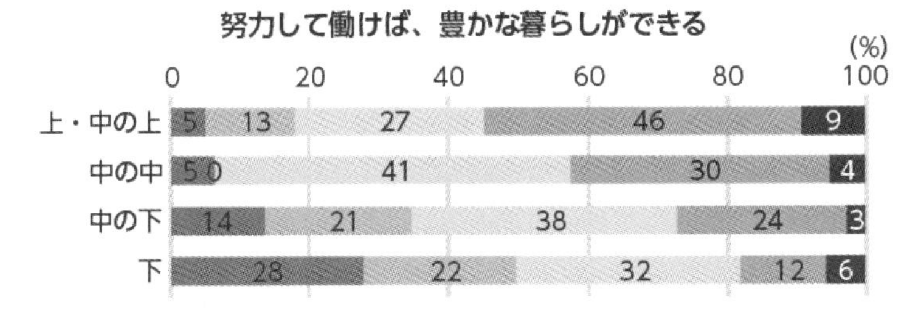

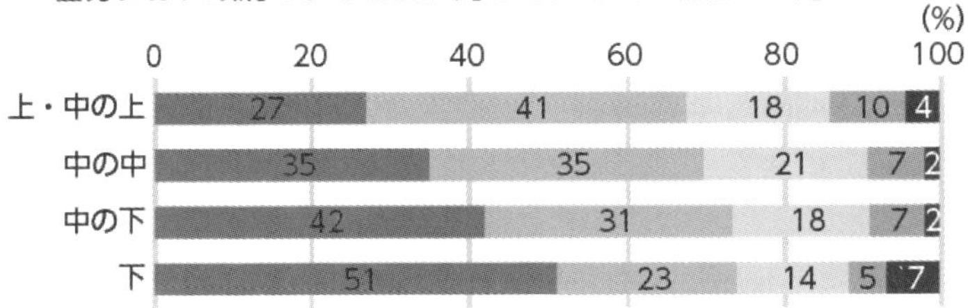

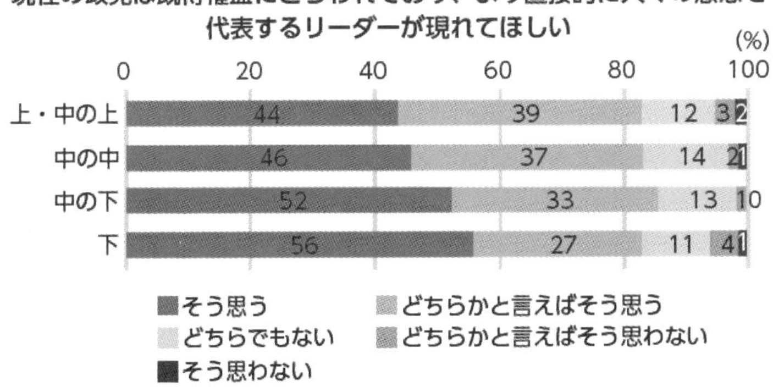

れは階層意識の低い人々が，ポピュリズム政治へと巻き込まれていきやすい心理状態を示しているように思われる。

とりわけ，若くて階層意識の低い人は，年金制度，学校教育，子育て支援，雇用支援の全てついて，他の人たちよりも強い不満を持っている（図14）。

図14　若く階層意識の低い人の政策への不満

(%)

		全く満足していない	あまり満足していない	どちらともいえない	やや満足している	とても満足している
年金制度	回答者全員	19	38	28	13	2
	うち18〜39歳で中の下・下	33	36	25	6	0
学校教育	回答者全員	9	26	48	16	2
	うち18〜39歳で中の下・下	21	28	39	12	1
子育て	回答者全員	10	29	48	12	2
	うち18〜39歳で中の下・下	22	31	35	12	0
雇用支援	回答者全員	8	24	58	9	1
	うち18〜39歳で中の下・下	15	26	52	8	0

◆政府を信頼しない人の像を把握する

政治的無関心と政府への信頼は異なるという知見は，それ自体重要である。政治への関心はあるけれど，かといって政府を信頼していない人がいることは，容易に想像できる。むしろ政治への関心が強いために，政策の不公正や政府の瑕疵，政治家の無責任などに気づく機会が増え，不信感が増すこともあるだろう。逆に，政府を信頼できないという思いがつねにその動向に注意を払うことにつながり，政治への関心を呼びさます場合もありうる。

信頼と（無）関心との関係は，このように一筋縄ではいかない。だが一方で，NIRA 調査をもとに述べてきたような「政府を信頼しない人」の像を示されると，不安をかき立てられはしないだろうか。

もちろん，階層意識の高低をそれ自体として見るなら，それはいいものでも悪いものでもない。階層意識が高くても自暴自棄の人だっているだろうし，階層意識が低くても希望を持って生活している人もいるだろう。

しかし，NIRA 調査に見られるように，階層意識が低い人が目先の生活に手いっぱいで，将来のことを考えることも自己鍛錬する余裕もないとしたらどうだろう。また，努力しても無駄だと感じ，たとえ何か政治的なアクションを起こしたとしても自分は無力だと考えているとしたら。さらにはこうした諦念の一方で，現状の政策や政府のやり方に強い不満を抱いているとしたらどうだろう。

階層意識が低いほど政府への信頼度が下がる国というのは，誰のための政治が行われている国なのだろう。これは，政治は誰のためか，とりわけ政府による政策はどんな社会を目指しておこなわれるべきなのかという問いへとつながる。

たしかに，階層意識の高さが現状の生活への満足を伴っており，それが政府への信頼につながることは，一面では理解できる。だが他方で，将来への希望が持てず，政策にも不満が大きい人々が，階層意識の低い層の中で一定割合いることは，その人たちだけでなく，社会にとっても政府にとっても不幸なことである。

階層意識が低く，政府を信頼しない人たちとは，どのような存在なのか。今後はこの人たちの労働形態や過重労働の有無，孤独感やつながりの問題など，必ずしも政治的な事柄にかぎらない多様な側面について，さらなる調査が必要だと思われる。

それを通じて，政府を信頼するかしないかという，コロナ禍での人々の行動決定をめぐって期せずしてクローズアップされた政治の一側面が，今後の日本の政治のあり方を測り，導く上で，重要な示唆を与える可能性がある。

階層意識には，物理的・客観的な生活水準や年収だけでなく，配偶者の有無など家族のあり方，また周囲からの承認についての自己理解，そして「世間」の中で自己の位置をどう捉えるかなど，社会関係と社会意識を示す指標がさまざまに反映されている。だからこそ，政治への態度や政府への信頼を見る上で，階層意識との関係に注目すべきだ。

◆おわりに

コロナ禍で真っ先に雇用を切られたのは，社会的弱者だった。また「エッセンシャル・ワーク」と称して，感染の危険を伴うハードな対面労働の継続を強いられたのもまた，社会的弱者であった。

他方で，一部の企業が政府からの莫大な支出の受け皿事業を受注して大儲けしたこと，持続化給付金の不正受給などが広く知られるようになった。

こうした1つひとつの事柄が全て，政府が信頼を得られるかどうかに関わってくる。人々が「ずる」や「不信」といったネガティヴな感情に支配されることなく，基本的な信頼の下に政策について議論し判断できるような社会を作るには，政治的信頼に着目したさらなる調査が必要である。

＊本稿は，宇野重規・重田園江・渡辺靖（2023）「政治不信は民主主義をどう変えるのか──社会に潜むネガティブな感情をつかむ──」NIRA オピニオンペーパー No.74 に収録の「日本人が政府を信頼しない背景──NIRA 基本調査の結果から──」をもとに加筆修正を行ったものである。

重田園江（おもだ　そのえ）
NIRA 総合研究開発機構上席研究員。明治大学政治経済学部教授。東京大学大学院総合文化研究科博士課程満期退学。専門は政治思想，ヨーロッパ政治社会思想史，現代思想。

（表紙・中扉 絵）
堀川 直子

信山社ブックレット

コロナ禍の経験から何を学ぶか

2025（令和7）年1月25日 第1版第1刷発行

©編著者 宇 野 重 規
重 田 園 江
渡 辺 靖
NIRA総合研究開発機構

発行者 今井 貴・稲葉文子
発行所 株式会社 信 山 社
〒113-0033 東京都文京区本郷6-2-9-102
Tel 03-3818-1019 Fax 03-3818-0344

Printed in Japan, 2025 印刷・製本 ワイズ書籍(M)／牧製本
ISBN978-4-7972-8133-0 C3332 ¥900E 分類 300.000